Zhongguo Wenhua
Zhishi Duben

中国文化知识读本

主编

金开诚

编著

王忠强

嘉峪关

吉林出版集团有限责任公司

吉林文史出版社

图书在版编目（CIP）数据

嘉峪关／王忠强编著 .—长春：吉林出版集团有
限责任公司：吉林文史出版社，2009.12（2022.1重印）
（中国文化知识读本）
ISBN 978-7-5463-1293-4

Ⅰ.①嘉… Ⅱ.①王… Ⅲ.①长城－关隘－简介－嘉
峪关市 Ⅳ.① K928.77

中国版本图书馆 CIP 数据核字（2009）第 223094 号

嘉峪关

JIA YU GUAN

主编／ 金开诚 编著／王忠强

责任编辑／曹恒　崔博华 责任校对／王新

装帧设计／曹恒 摄影／金诚 图片整理／

出版发行/吉林文史出版社 吉林出版集团有限责任公司

地址/长春市人民大街4646号 邮编/130021

电话/0431-86037503 传真/0431-86037589

印刷/三河市金兆印刷装订有限公司

版次/2009 年 12 月第 1 版 2022 年 1 月第 6 次印刷

开本/650mm×960mm 1/16

印张/8 字数/30千

书号/ISBN 978-7-5463-1293-4

定价/34.80元

关于《中国文化知识读本》

　　文化是一种社会现象，是人类物质文明和精神文明有机融合的产物；同时又是一种历史现象，是社会的历史沉积。当今世界，随着经济全球化进程的加快，人们也越来越重视本民族的文化。我们只有加强对本民族文化的继承和创新，才能更好地弘扬民族精神，增强民族凝聚力。历史经验告诉我们，任何一个民族要想屹立于世界民族之林，必须具有自尊、自信、自强的民族意识。文化是维系一个民族生存和发展的强大动力。一个民族的存在依赖文化，文化的解体就是一个民族的消亡。

　　随着我国综合国力的日益强大，广大民众对重塑民族自尊心和自豪感的愿望日益迫切。作为民族大家庭中的一员，将源远流长、博大精深的中国文化继承并传播给广大群众，特别是青年一代，是我们出版人义不容辞的责任。

　　《中国文化知识读本》是由吉林出版集团有限责任公司和吉林文史出版社组织国内知名专家学者编写的一套旨在传播中华五千年优秀传统文化，提高全民文化修养的大型知识读本。该书在深入挖掘和整理中华优秀传统文化成果的同时，结合社会发展，注入了时代精神。书中优美生动的文字、简明通俗的语言、图文并茂的形式，把中国文化中的物态文化、制度文化、行为文化、精神文化等知识要点全面展示给读者。点点滴滴的文化知识仿佛繁星，组成了灿烂辉煌的中国文化的天穹。

　　希望本书能为弘扬中华五千年优秀传统文化、增强各民族团结、构建社会主义和谐社会尽一份绵薄之力，也坚信我们的中华民族一定能够早日实现伟大复兴！

目录

一　嘉峪关的历史

巍然屹立的嘉峪关建于
明代，历经风雨洗礼

素有"天下第一雄关"之称的嘉峪关是
明代万里长城的西端起点，是今长城沿线保
存最完整的一座古代雄关。从关城位置来看，
嘉峪关地处河西咽喉之地，南是终年积雪的
祁连山，北是冈峦起伏的马鬃山，两山对峙
中间形成了狭长的咽喉地带，地势十分险要，
嘉峪关就在这个咽喉的最窄处，因此自古就
被誉为"河西第一隘口"，也被誉为"河西
重镇""边陲锁钥"。从整段长城边防来看，
关城南面的长城如蜿蜒的巨龙，绵延于平沙
原野之上，一直冲向祁连山下的悬崖；北面
的长城若断若续，依山势起伏隐现，一直延
伸到黑山山腰的悬崖峭壁之上。南北两面的

长城就好像从关城伸出的一把巨大的铁钳，卡断了东西通道，貌似一队威武雄壮的战士，屹立在两山之间，伸出双臂，牢牢地守卫着丝绸之路的咽喉要道，说它是河西重隘名副其实。

嘉峪关关西门外一百多米处，有清代立的"天下雄关"石碑。清嘉庆十四年（1809年），甘肃总兵李廷臣视察嘉峪关防务时，发现这里南面是祁连雪山，北面是黑山，关势雄伟，堪称"天下雄关"，便写下"天下雄关"四字并立为碑，给后人留下了永恒的纪念。1842年10月11日，清末爱国政治家林则徐被流放充军伊犁的途中，也曾来到嘉

嘉峪关关势雄伟，得到了诸多历史名人的赞美

嘉峪关的历史

峪关，饱览了关城的雄姿和大漠风光，写下了《出嘉峪关感赋》四首，其中第一首写道：

严关百尺界天西，万里征人驻马蹄。

飞阁遥连秦树直，缭垣斜压陇云低。

天山巉削摩肩立，瀚海苍茫入望迷。

谁道崤函千古险，回看只见一丸泥。

清同治十二年（1873年），左宗棠驻守肃州时，题写了"天下第一雄关"的匾额，悬挂在关城之上。现在，虽然罗城关城还在，可是城楼已经毁坏，"天下第一雄关"的匾额已不知去向。

嘉峪关始建于明洪武五年（1372年），先后经过一百六十八年的修建，终于成为万

"天下第一雄关"的牌匾不见了，但美誉却流传至今

嘉峪关

里长城沿线最为壮观的关城。1961 年，嘉峪关被国务院公布为第一批全国文物重点保护单位，这不仅是由于它作为军事防御系统的功能，也由于它在经济文化交流中所起的作用。

嘉略关不仅是军事要塞，还是经济文化的发展重地

（一）嘉峪关和明长城

我国从秦始皇时期就开始修筑长城，距今已有几千年的历史，目前保存最为完整、修筑规模最大的长城是明代长城。明长城西起甘肃嘉峪关，东到河北山海关，全长 6300 公里。天祝县乌鞘岭上的长城、山丹县绣花庙的长城、山丹县长城口的随墙墩、嘉峪关关城及嘉峪关西长城是其中重要的长城遗迹。

嘉略关守卫着西北边防

　　嘉峪关所在地区，在先秦时期曾是西戎活动频繁的地区。秦朝时归乌孙族所管辖；汉朝初年属于匈奴的地界；后来汉武帝派兵击败匈奴后，在河西走廊一线设置酒泉等河西四郡，并在此修筑亭障、烽燧，构筑河西长城，这时的嘉峪关地区属于酒泉郡；十六国时期，此地战争频繁，前凉、西凉、北凉先后都曾据有过这个地方；北魏至隋时属于福禄县；唐朝时又改归酒泉县所有；五代、北宋初属回鹘，不久被西夏攻占；元朝属肃州。这里也曾经设过关卡，汉朝时设玉石障，五代设天门关，但一直是有关无城。

　　明朝初年，明太祖朱元璋以徐达为元帅，派五路大军清除元朝残余势力，宋国公冯胜率军西征，大破元兵，至此，千里河西走廊开始归明朝直接管辖。冯胜视察防务时从酒泉骑马向西20公里，过"九眼泉"，登上嘉峪塬，驻足观看：发现此地南面是斜刺长空的贺兰山，西面是如海的戈壁，北面是威严的黑山，东面是清泉绿洲，而嘉峪塬就是河西走廊这条连通东西的大河的中流砥柱。因这里一直以来都是"有关无城"，于是

上表朱元璋，称嘉峪塬"此咽喉要地，令关踞其中，当固若金汤"。1372年也就是明洪武五年，开始建关于"嘉峪山之西麓"，关以山名，始称嘉峪关。它自此也成为了西北边防的第一道屏障。

嘉峪关自古以来便是兵家必争之地

（二）嘉峪关的历史地位

嘉峪关作为河西重隘，地理位置十分重要，自古为兵家争战之地，少不了刀枪棍剑、金戈血马的洗礼。两汉时期，河西走廊一直是与匈奴多年征战之地。明朝初年，征虏将军冯胜再次将河西划回中原版图，不过这次对手不是匈奴而是蒙古人。明正德十一年（1516年），吐鲁番军队侵入嘉峪关，围攻肃州后大掠而去。嘉靖三年（1524年），吐鲁番军队再次入侵嘉峪关，大肆抢掠，不久即被明军击退。以后，吐鲁番贵族仍多次入侵边境，明朝廷决定"闭关绝其贡"，放弃嘉峪关以外的地方。此后，虽然仍有番兵来攻，但均被坚守嘉峪关的将士们击退，而且自嘉峪关建成以后，此地就没有发生过大规模的战事。

嘉峪关不仅是历史上的重要军事要塞，而且是古代通往西域的要道。嘉峪关自张骞出使西域以来，一直是丝绸之路的重要驿站和要塞；张骞以后的东汉班超父子也是经由此地出使西域；唐代高僧玄奘西去取经，从河西走廊的黑山

嘉略关像纽带一样连接着中国内地和西域

嘉峪关

峡谷穿过继续西行；元代著名的意大利旅行家马可·波罗前往元上都时，是从这里经过黑山一带继续东行的。明以后，嘉峪关成为中原对西贸易陆路口岸。清朝，在沙俄势力从中亚东扩时，也曾被迫将通商口岸设在嘉峪关。所以，这里自古就是"诸夷人员出师往来之道""河西保障之咽喉""戎羌通驿之途"，曾出现过"远人熏化来，款关无虚夕"和"洪散入版图，五十余属国"的民族大交流融合的景象。古丝绸之路雕塑群还雕刻了中国古代在嘉峪关地区有过记载的张骞、霍去病、班超、玄奘、马可·波罗、林则徐、左宗棠七位主要历史人物造像及五名随从、两匹马、两峰骆驼和一架马车塑像，借以展示这里悠久的历史和厚重的人文内涵。

嘉峪关城楼上具有浓郁西北风情的门神贴画

　　嘉峪关关城始建于明朝洪武五年，到最终建成一座完整的关城前后历经了一百六十八年的时间。伴随着关城日月的东升西落，它走过了六百多年的时间。应该说，这几百年间祥和安宁的氛围是嘉峪关的主旋律，战争只是短暂的插曲。直到清代，嘉峪关也很少发挥边关要塞的军事作用，成为一个纯粹的通商贸易的内陆关卡。

二 嘉峪关的关城

嘉峪关高大雄伟，有"一夫当关，万夫莫开"之势

嘉峪关关城呈方形，整个建筑由内城、外城、城墙等部分组成，整体功能上是以军事防卫为主，显出"城内有城，城关重重"之势，面积达三万二千多平方米，规模宏大，气势雄伟。嘉峪关从内部结构到外部造型，都突出体现了中原文化的特点。它作为内地与西域、中原与大漠之间纷争与融合的见证，悲壮而辉煌。

（一）选址与扩建

当初冯胜选择在嘉峪山上建关作为明长城西端起点，主要是由于嘉峪关优越的自然条件和险要的地理形势：离黑山近，有险可恃；地势高，居高临下，

下有九眼泉，水源足。嘉峪关西面是一处开阔的大草滩，黄草平沙，地势非常开阔，素为古战场；嘉峪关西北部的黑山，地势险峻，山路崎岖，背风向阳，山后有澄湖，既隐蔽又开阔，适宜于操练习武，又便于伏兵出击；嘉峪关南面是滔滔奔流的讨赖河，与文殊山构成天然屏障；嘉峪关的东面是酒泉盆地，地势平坦，水源充足，良田成片，牧场遍布；嘉峪关的东南坡是著名的峪泉活水"九眼泉"，冬夏澄清，终年不竭，可供人马饮用，并可灌溉良田。

古人是这样形容嘉峪关险要的地形地势的："河山襟带，为羌戎通驿之路""北倚黑山嘉峪，南凭红山祁连，关城居中，险峻天成""自远而论，东以关辅为内庭，

嘉峪关关城呈方形，功能以军事防卫为主

嘉峪关的关城

西以伊循为外屏，南以青海为亭障，北以大漠为斥堠，襟山带河，足限戎马，所谓西陲锁钥也。由近而论，面瞰雪岭，背倚长城。临水环于左，嘉峪峙于右。内有讨赖、红水之潆洄，外有黑河、白湖之环绕。群峰拱卫，虎踞豹隐。虽兼沙卤，居杂戎番，而泉香、土沃、草茂、牧肥，具此形胜，足以有为矣。"

正是由于这险要的地形地势，早在汉代，人们便依山凭险，加强防御，在现在的石关峡口内设置了玉石障（汉制：每塞要处别筑为域，置人镇守，谓之侯域，此即障也）。五代时期，政府又在黑山脚

现在的嘉峪关仍保留着当年的风貌

嘉峪关

巍巍雄关历经了百余年的建造

下的黑山湖左右的大道建关，把守这一带山口。后来，为了控制东西来往要道，又在今石关峡内建石关。可见，这一带历来是防务要地，历代都派兵驻守。

　　嘉峪关从选择地点到建成为坚固的防御工程，经历了一百多年的时间，先后经过几次大规模的扩建才形成今天的巍巍雄关。明洪武五年（1372 年），开始建造关城，当时的建筑规模为周围 726 米、高 6.6米，就是现在的内城夯筑部分，是一座有关无楼的土城。明弘治八年（1495 年），肃州兵备道李端澄主持在西罗城嘉峪关正门（西门）顶修建嘉峪关关楼，也就是所说的"李端澄构大楼以壮观，望之四达"。

嘉峪关的关城

嘉峪关位居要
道，受到历朝
历代的重视

明弘治十四年（1501 年），关城刚建成不
久，由于吐鲁番经常袭扰哈密，明朝廷
又下令重修了嘉峪关。正德元年（1506 年）
八月至次年二月，李端澄又按照先年所
建关楼的样式、规格修建了内城光化楼
和柔远楼，以及官厅、夷厂、仓库等附
属建筑物。城楼修好了，却依然是孤城
一座，番兵在之后的十几年里，两度围

困攻破嘉峪关，或是干脆绕过它去劫掠附近地区。嘉靖十八年（1539 年），尚书翟銮视察西北防务时，认为嘉峪关是"河西第一隘口"，必须加固关城及其边墙（长城）。于是，又大兴土木，与新城等九堡一起增筑城垣，加固城堡，增修敌楼墩台等，又修筑了一道长城。这样嘉峪关的长城，由关城起南入文殊山（祁连山的一部

嘉峪关的关城

嘉峪关的修造过程
与其他关城不同

分），下至讨赖河畔，北入黑山（北山的一部分），进入悬岩峭壁。这样一来，就把河西走廊的隘口全部割断，只有经过嘉峪关城才能东进西出，或西进东出，使明长城与嘉峪关连成一体，组成完整的军事防御体系。因此说嘉峪关是"初有水而后置关，有关而后建楼，有楼而后筑长城，长城筑而后关可守也"。

（二）防御体系

嘉峪关本身作为一个防御性的关城，充分利用了地形的优势——建关在黑山与祁连山两山相夹形成的狭长地带的最狭窄处，直扼河西咽喉。即便是这样，嘉峪关与其他关城相比，地理环境方面仍然存在着极大的不足。其他的关城或依山或面海，或如山海关依山面海，属于典型的易守难攻。嘉峪关长城虽然已经最好地利用了地形优势，却大部分建在了荒原之上。由于其重要的战略地位，关城的建造者必然会想方设法弥补这个劣势，弥补的方法是建立一套强大而完备的防御体系。于是自冯胜建关，建设者以假想战争中可能发生的一切情况为蓝图，历时一百六十八年完善了嘉峪关的防御体系。

嘉峪关防御体系中最核心的部分是嘉

地形的劣势迫使嘉峪关造就了完备的防御体系

嘉峪关的关城

峪关的关城。嘉峪关关城布局合理，建筑得法，适合战争和防御的需要。关城有三重城郭，多道防线，城内有城，城外有壕，形成重城并守之势，壁垒森严，与长城连为一体，形成五里一燧，十里一墩，三十里一堡，一百里一城的军事防御体系。嘉峪关布局坐西向东，背向西域而面向朝廷。关城由内城、瓮城、罗城、城壕组成。

1.内城

内城是关城的最重要部分，是军事指挥中心，也是战争中所需全部物品的大仓库，为整个战争起后勤保障作用。

嘉峪关关城布局合理，符合军事需要

嘉峪关

内城面积 2.5 万平方米，东城墙长 154 米，西城墙长 166 米，南北城墙各长 160 米，周长 640 米。内城墙墙身高 9 米，垛墙高 1.7 米，总高 10.7 米，底层厚 6.6 米，上宽约 2 米，这是嘉靖十八年加固关城后的结果。内城初建时只是用黄土夯筑的高约 6 米的土城，后来重新修筑时才在外侧用土坯垒砌，中间填以砂石混合黄土加高了约 3 米，少数增高的墙身也有夯筑的，这才形成了今天我们所见到的内城墙。漫道是用青砖铺就的，内外侧分别设有宇墙和垛墙。每个垛墙均设有以便观察敌情的

绵延的城墙沿着历史从过去伸向未来

嘉峪关的关城

除军事功能，嘉峪关也体现了历代的民族政策

瞭望孔。内城城墙上还有一个比较精细的设置，即垛口上在瞭望孔下较高一排的实心孔，是供夜间值勤士卒放置灯火用的灯槽，它深24厘米，口宽27厘米、高39厘米，这样两侧刮来的风，不会把灯吹灭。槽下有一斜坡式炮位和箭孔，以便向侵城的敌人射击。

内城有东西两道大门，分别为"光化门"（东门）和"柔远门"（西门）。光化和柔远是有一定的寓意的，体现了明王朝的民族政策。"光化门"，紫气东升、光华普照，就是以中央政权的文化教化、感化边疆地区的少数民族，是以德化人。很明显，这里所要发扬光大的文化，是以汉政权为主体的儒家文化，体现了当时中央政权对边疆兄弟民族的一种政策。"柔远门"，意为以怀柔而致远，安定西陲，就是说用怀柔政策安定远方，言下之意是不诉诸武力。使用怀柔政策使边疆安定了，中央政权的统治就能够得以巩固了。

光化门和柔远门城门都是木制的，用黑漆铁皮包钉，均有深 20.8 米、宽 4.2 米的高大的砖砌拱券门洞，门洞基础和地面起用长 2 米、宽 0.5 米、厚 0.35 米的石条

高耸的嘉峪关传达着团结的意愿和思想

嘉峪关的关城

历经沧桑、满目疮痍的古城墙

衬砌。这些石头材质都比较坚硬、耐风化。

在"光化门"和"柔远门"顶的方形平台上有"光化楼"和"柔远楼"，是三层歇山顶式建筑，东西对峙，高达17米，面宽三间，进深两间，周围红漆明柱回廊。楼的第一层是砖木结构，东西两面开门，门内有带扶手的木质楼梯，从此楼梯可以登上第二层、第三层。第二、三层都是木质结构的，并且四周都镶有木格壁窗。楼顶脊上装兽形瓦、蟠龙、狮子等，盖顶是绿色琉璃瓦。整个楼阁雕梁画栋，五彩缤纷，很是威风。

人们常说"万丈高楼平地起"，传说嘉峪关城楼却不是这样建造起来的，而是"高楼从顶起"——从顶楼起一层一层往下建。具体是这样的，先在楼台上筑一个高约 20 米的大土堆，在土堆顶上先建起一个歇山式楼顶，然后竖起三楼的立柱……三楼建好后，将土刨掉一层，再建二楼，二楼建好后，将土再刨掉一层，再建一楼。不过这只是一个传说，嘉峪关城楼"从顶建起"的说法是否真实我们也无从考证，"从顶建起"这种做法也未必可行，不过这种说法在一定程度上歌颂了劳动人民的无穷智慧。

在光化门和柔远门内的北侧城台与城墙衔接的拐弯处，有"燕鸣壁"。在"光化门"和"柔远门"北侧，还各有马道门

游击将军府是嘉峪关防御体系的指挥中心

嘉峪关的关城

古往今来，许多文人墨客为嘉峪关吟诗作赋

楼一座。门楼内有照壁，照壁后有宽阔的斜坡式砖铺马道，直达城顶。所谓马道，顾名思义，就是马走的道。当时，上城楼时，文官坐轿，武官骑马。为了便于马行，才修成斜坡，这就是上城楼的斜坡道不修成台阶式的道理。

站在城顶的方形楼台上极目远眺，景色非常壮观。南面是白雪皑皑的祁连山，北面是如漆的黑山，还有一片广阔无垠的大漠，怪不得明代诗人戴弁的在《嘉峪晴烟》中写道：

烟笼嘉峪碧岹峣，影拂昆仑万里遥。

暖气常浮春不老，寒光欲散雪初消。

雨收远岫和云湿，风度疏林带雾飘。

最是晚来闲望处，夕阳天外锁山腰。

2. 瓮城

内城东西二门外，都有瓮城围护，他们是最早同关城一起建造的。瓮城门朝南开，这样，进入内城必须折 90°，避免所有城门打开时内城被一眼望穿，暴露无遗。东西瓮城与内城迂回连接浑然一体，面积各有五百余平方米，略呈方形，夯土墙与内城同高，建筑形式也一样。它是冷兵器时代城池防御中最重要的一个设施，一般是主动将小股敌人放进来，再断其退路，形成合围之势，继而全歼敌人。也就是说敌人一旦被引入这里，就失去了反抗能力，只能任凭宰割。与瓮中捉鳖意境相同，所以将这类防御工事称为瓮城。

瓮城门均为砖砌，向南开，门洞为铺底都是长方形条石的拱券式砌券，门洞内安铁皮大门。东西瓮城门首分别刻有"朝宗""会极"。"朝宗""会极"也分别取一定的寓意，"朝宗"，既可以理解为地理方向，也可理解为政治方向。它可以解释为归顺、臣服明廷的官宦或商贾如百川汇海经此门，这种理解指示一个方向；也可以指西域各国从西而来，东去朝觐，这是它的政治理解。也有人把它理解为过往朝廷官员虽远行"极边"，但仍不忘朝廷和君王。"会极"

雕梁画栋、五彩缤纷的楼阁

嘉峪关
028

的理解方式也有两种：一是要出西瓮城之门去聚合、团结统一西边所有各国各地；二是极边（即西域）仕宦商旅会合于此。当时从嘉峪关进入内地是需要申请的，所有从西域来的仕宦商旅，都必须在嘉峪关住下，然后申请进入内地，经批准后，方可入关。因此，"会极"也有"会合于极边"的意思。

东西瓮城门上还各建有一层小三间式坐北向南的阁楼一座，阁楼高 5.7 米，面积 28.6 平方米。阁楼两端与城墙相通，楼前有红漆明柱通廊，南开的对扇小门，东西两边开窗。楼脊扣筒瓦，楼顶四角檐上

悬壁长城素有"西部八达岭"的美誉

嘉峪关的关城

装龙首瓦，檐翼起翘，美观大方。

3. 罗城

为防止敌人一旦突破瓮城围攻内城，西瓮城西面，又筑了一道南北的厚墙，形成一道凸形重城。这道重城叫西罗城，它是正面迎敌的第一道防线，与瓮城一起形成了保护内城的外城，这样内外城之间就形成了一个狭窄的夹道。当敌人被诱入内外城之间的夹道后，会发现自己又进入了一个变形的瓮城，一个长方形的瓮城。罗城上重建关楼，与东西城楼样式相同，名嘉峪关关楼，悬"天下第一雄关"匾。

因此，嘉峪关这种重城并守、步步

嘉峪关的设计处处都有玄机

嘉峪关

群山环抱之中的
嘉峪雄关

陷阱的设计，目的是要杀伤敌人的有生力
量，而绝非用来阻挡敌人的进入，它看
似弱小的外表下隐藏的是一件件杀人的利
器。一旦敌人闯入其中就如同进入天罗地
网，很难全身而退，这也是外城起名罗城
的原因。

西罗城是在明朝弘治十四年（1501年）
使开始修建的，嘉靖十八年（1539年），
尚书翟銮再修嘉峪关时用砖包砌，所以特
别的坚固、雄伟。西罗城城墙长191.3米，
底基厚25米，上阔5.3米，高10.5米。墙
的正中设有关的正门，门洞为拱券式，砖
砌，门洞上嵌有乾隆皇帝所题"嘉峪关"

嘉峪关内如天罗地网，
令入侵者无法全身而退

三字，基础和通道全用石条砌铺。门洞深25米，高6米，宽4米，有黑漆铁皮包钉双扇门。罗城内侧南端有一条直达墙顶的宽阔的砖铺马道。城头有133个垛口，砖砌，垛墙高1.5米，宽1.7米，厚60厘米。垛口中间设有正方形上下两排瞭望孔，还设有灯龛122个，既解决了照明问题，又消除了士兵成为流动靶的危险。每个灯龛下设有一个斜坡式射击孔——下面一排瞭望口里面垫一块斜砖形成，这块斜砖的设计可以说体现了设计者的精妙构思。垛口本来就是为方便守军攻击设计的，但它存在一个很大的缺点，就是必须要等攻方射完一轮箭之后换箭的时候才能进行还击，而有了像罗城这样的斜坡式射击口，就能使守军更加从容地进行攻击。

在内城外围，有东罗城。用黄土在东南北三面夯筑了一道墙，南北墙的西端与西罗城相接。外城墙高 3.8 米，总长约 1250 米左右。东北角上是"东闸门"，上面建有闸门楼，闸门曾是守城者检验入关人员证件的地方。东闸门外还有一棵著名的"左公柳"。

罗城南北两端各有箭楼一座，为警戒哨所。在内城的南北两侧建有敌楼，四个角上都设有角楼，平时用于瞭望，战时就配合内城城墙上的守军对进入夹道的敌人进行多方位的攻击。

古老的嘉峪关也融入了现代化气息

嘉峪关的关城

033

远处是内城角楼
和城墙

罗城上重建关楼。北面向北八千米连接黑山悬壁长城，南侧有明土城墙向南延伸越过戈壁连接七千米外的长城第一墩，但该段城墙今天被公路铁路断开。

关内城之上，只见楼阁纵横，飞据凌空。内城墙上四角有方形角楼各一座。角楼，也叫"戍楼"，形如碉堡，是守城士兵值勤的地方，也是关城的固定哨位，居高临下，可以看清关外的敌情。南北城墙的中间，各有敌楼一座，东西与城墙漫道相通，是士兵休息和放置武器的地方。20世纪40年代，北敌楼内有一块玉质碑，人们都叫它"宝碑"，它是由墨绿玉石磨成的，高约30厘米，宽约 20 厘米。每当天气晴朗的时候,如果让阳光照耀它片刻,它就能够把对面的祁连雪峰连同花鸟、羊群、帐篷、牧民等细物尽数清晰地呈现在碑面上。

4. 城壕

也叫护城河,是罗城四围沿城墙外围修筑的一道壕沟,与长城并行,距长城约50米,目前的城壕宽、深大约都是两米。壕外还有一道一米高的土堰。壕沟、土堰都是为了保护关城而设的。

城壕是嘉峪关长城外围建筑中与其他长城不一样的地方,这主要因为嘉峪关长城与祁连山和黑山的距离比较远,又是建

内、外城之间的道路

嘉峪关的关城

037

在荒原之上，平地上筑墙，不具备易守难攻的优势。正因为没有险峻的地势，守军才特意在平地上挖壕，以此作为保护长城的第一道屏障。从嘉峪关壕沟里出土的铁蒺藜证明了这一点。至此，经过数代人一百多年不懈的努力，一个地理位置不够优越，却暗藏玄机的、有着比较完善防御体系的嘉峪关，在荒原上建成了。

但无论多么完备的防守体系都要以坚固的防御工事为基础。像嘉峪关长城这样一座黄土夯筑的城墙能抵挡得住投石机（攻城用的）的重创吗？

传说，当时筑城用的黄土，都是经过特殊筛选的，筛选后还要放在青石板上，让烈日烤晒，将草籽晒死，以确定不会有植物生长。为了增强黏结力，还要再掺入丝麻和灰浆混拌，有的甚至还要掺入糯米浆夯筑。修筑工程结束后，要进行严格的验收：在一定的距离外，用箭射墙，如果箭头射入了夯土墙，就要返工重筑，直到箭头碰壁落地，才证明坚固合格。而且为了保证工程的质量，还采用了"工牌"。所谓的"工牌"就是一块记录修建长城时分段施工的队伍

嘉峪关的建造工程有着严格的质量管理要求

嘉峪关

据说，现代汉语中"关照"一词由嘉峪关而来

和队伍中的一些人的姓名的石牌，这些工牌被埋在这些人建筑的长城下面，如果工程的质量出了问题，挖出工牌就能够找到相关的施工人员进而追究其责任。这样严格的建造制度使得嘉峪关的坚固程度不亚于石质关隘，甚至更坚固，嘉峪关也因此得到了"版筑甚坚，锄镢不能入"（《肃州新志》记载）的评价。

为了严格控制出入嘉峪关的往来人员，当时人们还特别使用一种出入关的凭证——"关照"。它是一块木制的牌子，最上端有两个醒目的大字——关照。据专家考证，古时的"关照"作用等同于今天人们使用的"护照"，都是用来证明持照人具有出入关卡的合法资格的凭据，是当

嘉峪关的关城

嘉峪关精巧的设计威慑
了外敌，起到了保卫西
北边陲的作用

时的客商行旅们出入嘉峪关时必须持有
的证件。有关历史学家考证，明代的嘉
峪关正是"关照"最初开始使用的地点。
今天人们常说的"请多多关照"一词的
原意正是来源于此。

　　赢得战争的关键在于最大限度杀伤
敌人的同时保留己方精锐力量，而不是
战争中一城一地的得失。嘉峪关长城虽
然在长城中不是最险要、最雄伟的，但
却能够赢得"天下第一雄关"美誉，就
是凭借它近乎完美的防御体系和精巧设
计，使所有妄图挑起战争的敌人望而却
步。所以，自嘉峪关建成以来的几百年里，

嘉峪关的建造也留下了许多
美丽的传说

在嘉峪关上远眺逶迤的群
山，让人心旷神怡

嘉峪关的关城

嘉峪关是现今保存
最为完好的古代军
事建筑

守关卫士巡逻复原场景

嘉峪关

这里从没有发生过大规模的战争。

（三）关内附属建筑

嘉峪关城从开始建筑时起就一直在陆续地兴建娱乐设施，不过现存的已经不多。官井、文昌阁、关帝庙和戏台算是保存得比较好的。

1. 官井

在关城中心略偏西北方向，是供驻守官兵及军马饮水使用的，明代建关时开凿。井上建有一座木制彩绘井亭，装有木制辘轳。相传，官井与关外九眼泉相通。曾有人做过这样的实验：抓一把麸子，抛扔在井里，一些天以后，麸子就会从九眼泉里冒出来。

2. 文昌阁

又称文昌殿，位于东瓮城外，明代时建造，清道光二年时（1822年）重新修建。建筑面积一百多平方米，楼阁是两层两檐歇山顶式建筑，上层内为面宽三间、进深二间的官厅，四周立红漆明柱十八根，四周有廊，上层有花格门窗，花格门窗的顶部绘有彩画，上部绘有山水人物彩画八十余幅。底层回廊环绕，有木梯可以登楼。中间有一宽阔门洞，两侧各有砖垒小房一间。文昌阁在明清时是文人墨客会友、吟诗作画、读书的场所，清代末年成为文官办公的地方。

3. 关帝庙

东瓮城外关帝庙是关城附近最大的

关帝庙一景

夜色里的嘉峪关亮起了灯光，划破了大漠的沉静

建筑物，据说是当年怕守城官兵寂寞而设的文娱中心。它在东瓮城西墙一米远的地方，总面积 720 平方米，庙内有一座大殿，两座陪殿，还有刀房、过厅、马房和牌楼等等，坐北向南，属于明代建筑，明末清初从内城迁到现在的位置，以后经过多次修缮，最后一次重修是嘉峪关游击将军熊敏谦主持的。经过历史的风霜，关帝庙还是留下了历史的印记，不过牌楼至今保存完好。1998 年，由嘉峪关关城文管所自筹资金 70 万元对关帝庙进行了重新修复，对牌楼进行了彩绘，使关帝庙恢复了明清时的风采。

晚霞映衬下的嘉
峪关剪影

4. 戏台

位于关帝庙对面，坐南向北，是清
乾隆五十七年（1792 年）嘉峪关的一个
游击将军主持修建的。样式完全依照中
国传统的古典戏台，前后台由木制屏风
隔开，顶部是传统的"八卦图"，屏风
正中央是"八仙"人物图，楼内两侧墙
上绘有彩画，戏台两侧的砖砌屏风上面
写有对联："离合悲欢演往事，愚贤忠
佞认当场。"这副对联被认为是为戏台
对联中的佳作，因为它高度概括了古往
今来人间世事的演绎变化及戏曲演出场
所的功能作用。

三 嘉峪关的历史文化遗产

嘉峪关为后人留下了
珍贵的研究史料

嘉峪关作为一座比山海关建关还要早的一座关隘,有着非常悠久的历史,为我们留下了丰富的历史文化遗产。其中比较知名的有游击将军府、长城第一墩、悬壁长城,还有著名的魏晋古墓砖画和黑山岩画,这些都为我们研究嘉峪关古时的政治、经济、文化等提供了极其丰富翔实的资料。

(一)游击将军府

游击将军府,也称游击署、游击衙门,占地面积是 1755 平方米,建筑面积 808 平方米。最初,因为总督王崇古认为嘉峪关三面临戍,势若孤悬,宜设守防御,所以在明隆庆二年(1568 年)建了

嘉峪关外丰收的田地

嘉峪关

这座游击将军府，从此在嘉峪关开始派人守卫，并在关上驻守官兵千人左右。开始时人们把它叫做守备司，后来才改叫游击将军府，当时属于肃州兵备道的管辖范围，现在的建筑是 1987 年在原建筑的基础上恢复修建的，为两院三厅四合院式，在内城中，靠北墙，属于歇山顶式建筑，三进两院，带陪房，红漆柱，古色古香。游击将军府是当时的军政指挥机关，明清两代也是镇守嘉峪关的游击将军处理军机政务的场所。实际上，游击将军府不但充当了嘉峪关长城防御体系指挥中心的角色，而且也是朝廷统治地方、检查商旅使者往来、

嘉峪关在中国文化研究史上占有重要的地位

游击将军府不仅是嘉峪关的指挥中心，还是朝廷联系西域、中亚及各少数民族的枢纽机关

联系西域和中亚及各少数民族的枢纽机关。从明到清，嘉峪关的历任军事首领都住在这里。据《重修肃州新志》载，曾经在嘉峪关驻守过的官员有十九位之多：芮宁、查勇、刘利恒、程凤坡、何杏、马吉祥、张裕庆、陈子简、徐廷文、钱昆墀、张开禧、赵廷时、张怀、李根润、贺天喜、孙朝捷、候攀柱、赵起鹏。

目前，游击将军府根据历史史料，以现有建筑为框架，以超级写实主义雕塑（高分子仿真雕塑）为主要形式，深入细致地复原展现了嘉峪关游击将军的生活轨迹。整个陈列从人物生活入手，注重还原表现人物的真实生活状况，内

容科学严谨准确，高分子仿真人物栩栩如生，使人有身临其境之感。按照生活重心的不同，现有陈列主要分为两个部分：前院以议事厅为中心，着重展示古代游击将军及文武官员指挥御敌、签发关文等情景；后院是游击将军及其家眷生活的场所，生动形象地表现了游击将军及其家眷的生活场面。陈列形式既朴实又不失观赏性和趣味性，已经成为参观、游览嘉峪关的一处亮点。

（二）长城第一墩

明代，嘉峪关管辖着"腹里、沿边、境外墩台三十九座"，这些墩台纵横交织、相互瞭望、互通情报。其中，有一座墩台北距关城 7.5 公里，矗立于讨赖河边近八十米高的悬崖之上，可谓"天下第一险墩矣"，它就是明代万里长城从西向东的第一座墩台，是明代长城的西端起点，长城第一墩——讨赖河墩。长城第一墩是在 1539 年由肃州兵备道李涵监督筑建的，是嘉峪关长城防御体系的重要组成部分，负责传递关南及祁连山等处军事信息的任务。这里配备有一定数量的守兵，还有坞、驿马、驿驼、食宿、

墩台是嘉峪关长城防御体系的重要组成部分

嘉峪关

积薪等物品。这里也曾经伴随着雄伟壮观的嘉峪关演绎过许多神奇的故事，有一首诗这样形容长城第一墩："清流讨赖临危壁，大岭祁连断战氛。铠甲冰河闻拆斗，旌旗旭日舞鹏鲲。"

这里现已成为嘉峪关重要的旅游景点——以长城文化和丝绸之路文化为内涵，以戈壁风光和西北民俗风情为基础，集观光、探险、休闲、娱乐、怀古游学于一体。景区面积约 3.22 平方公里，包括长

气势磅礴、高大雄伟的嘉峪关

嘉峪关远景

城第一墩、综合服务区、讨赖河滑索、讨赖客栈、天险吊桥、"醉卧沙场"雕塑群、"中华龙林"等内容。还有壮丽的自然景观：滔滔东去的讨赖河水朝阳里宛若银练飞舞在戈壁之上，夕阳下又如飞龙游走于山涧之中；祁连山峰"四时大雪，千古不消，凝华积素，争奇献秀，氤氲郁葱，凌空万仞，望之如堆琼垒玉"。

（三）悬壁长城

悬壁长城位于嘉峪关关城北8公里左右石关峡谷北侧的黑山北坡，为南北走向，城墙陡峭直长，气势雄伟，垂若悬臂，属嘉峪关军事防御体系的一部分。明嘉靖年间由肃州兵备道李涵监督筑建。

是片石夹土墙，原长1500米，现仅存750米，其中有231米的黄土夯筑城墙攀缘在高150米、倾斜度为45°的山脊上，宛如倒挂的长城，铁壁悬空，从山上陡跌而下，封锁了石关峡口，因而得名"悬壁长城"。从城墙顶向上攀登，平坦处如履平地，陡峻处如攀绝壁，颇似北京八达岭长城，故有"西部八达岭"之称。有诗称赞它说："万里长城万里关，迭障黑山暗壁悬"。在黑山峡的南面还有一处断臂长城，东西走向，这两条长城形成拱卫之势，共同扼守黑山峡口。

石关峡悬壁长城现已成为嘉峪关市以古丝绸之路文化和长城文化为主题的重要

嘉峪关在这片大地上默默伫立了几百年

嘉峪关的历史文化遗产

嘉峪关正门

文物景区。景区主要分为四大功能区：石关峡古丝路文化长廊区、悬壁长城军事防御体系区、休闲度假区、管理区。石关峡古丝路文化长廊区贯穿整个景区，建有"丝绸古道"雕塑群，雕刻了中国古代在嘉峪关地区有过记载的张骞、霍去病、班超、玄奘、马可·波罗、林则徐、左宗棠七位主要历史人物造像和其他一些内容。悬壁长城军事防御体系区有悬壁长城、水门和古代兵器展览等内容。水门为三层仿古式建筑，长 48 米，高 13 米，占地面积为 345.6 平方米。新建的由黄土片石夹沙夯筑而成的全长 158 米的长城就是悬壁长城与水门之间的这段长城。休闲度假区其实就是长城北侧绿化区域和景区入口的小广场。管理区主要指长城南侧的管理中心、公共卫生间、广场、停车场等旅游服务设施。其中，管理中心为一层占地面积 603 平方米的四合院式仿古建筑。

嘉峪关守望着这里的大漠群山

（四）古墓葬文化——魏晋墓室壁画

在嘉峪关市城东北二十公里左右处的新城乡戈壁滩上，有一个分布长达二十公里一千七百多座的古墓群。经过对部分墓室的发掘，文物专家考证认为这些墓葬为魏晋时期的古墓群，被定为国家一级文物保护点。而更让人惊叹的是，这个大型古墓群的墓室壁砖上刻着一幅幅生动的墓室砖画，就像是一个埋藏在地下的画廊，素有"地下画廊"之称。

目前这些墓葬已经发掘了很多。新城墓葬建筑比较特别，墓葬由墓道、墓门、门楼、前室、中室、后室、甬道、耳室、

嘉峪关下的驼群

壁龛等组成。建筑用砖类型也比较多，有印纹方形砖、长方形砖、雕刻砖、画像砖等。条形砖是用来叠砌拱券形墓门用的，券顶以上也采用条形砖叠造门楼；雕刻砖用来嵌砌门楼墙面的斗拱、人物、兽首等造型。画像砖以其丰富的内容，简洁质朴的画法，描绘了墓室主人生前的生活情状。

嘉峪关魏晋墓遗存砖画六百多幅，形式多为一砖一画、半砖一画或几块砖组成的连环画。壁画以线造型，用毛笔

魏晋墓砖壁画

的中锋画成，线条凝练，运笔奔腾流畅，多用富有弹性的圆弧线，运动感很强。而且在描绘不同对象时能够采用顿挫、粗细、快慢、刚柔等不同的笔法。技法上信笔挥洒、画风奔放，用色以赭石与红色为主，热烈明快，构成砖画朴实粗犷、简练的艺术风格。画面质朴，情节生动，有浓厚的生活气息。

这些砖画题材广泛，内容包括牧畜、农耕、兵屯、狩猎、营垒、出行、驿传、宴乐、舞蹈等，有犁地、播种、耙地、扬

驼铃摇荡，问候着大漠里的嘉峪雄关

场等一系列的农业生产活动的描述、有牧民扬鞭策马放牧狩猎的场景、有妇女儿童提着筐笼采桑的场面，这类表现劳动人民各种生产活动的砖画在壁画中占了大量篇幅。还有以杀鸡、杀猪、宰牛、进食等描绘奴婢们所从事各种杂役的画面的；描绘墓主人奢侈豪华的享乐生活，如墓主人的宴饮和伎乐的歌舞演奏、墓主人前呼后拥的出行场面以及表现豪门士族的各种狩猎情景等；反映魏晋时期军队屯田的情况，用以表现当地军队的军事生活。所以，嘉峪关魏晋壁画所反映的生活面很广，题材非常丰富，包括政治、经济、文化、阶级关系、民族关系等方面，是我们研究当时社会形态的珍贵形象资料。

嘉峪关魏晋壁画取材全部是现实生活，具有浓郁的生活气息和强烈的风俗特征。这里出现了中国历史上最早描绘市井生活情节的连环画，其中描绘古丝绸之路繁忙景象的《驿使图》成为中国邮政的标志图案。这些壁画继承了深沉伟大的汉代传统，有着朴实豪放的艺术风格和写实手法，用高度概括的艺术手法，摄取生活中动人的瞬息即逝的典型情节，不是繁琐地照抄生活，而是将主题无关的部分大胆地删略，简明扼要地突出最主要的部分。

嘉峪关魏晋壁画有大幅和小幅之分，大幅壁画数量很少。大小幅壁画除了大小上的不同之外，在底料和色彩的使用上有很大的不同。大幅壁画是在几块砖面上用筛过的黄土掺和少许胶性物质抹平作底，而小幅壁画是在一块（少量在半块）砖面上用刷得极薄的含胶白的土作底；大幅壁画用土红色起稿，再用墨线勾勒定稿，然后用石黄、白、朱红、粉黄、灰、浅褐着色施彩，小幅壁画用色较单纯，以墨、赭石和朱红为主，作画过程与大幅壁画相同。这些墓中的壁画，大都一幅只表现一个内

大漠上的残雪，给荒凉的世界添了一抹亮色

嘉峪关的历史文化遗产

容。也有一部分类似现在的长卷横幅画，在一排砖面上连续作画组成一个完整的内容。

这批墓室壁砖画的惊现，弥补了古代文献记录的不足，真实再现了魏晋时期河西地区的政治、经济、军事、文化和民俗生活，是研究魏晋时期西北地区的政治、经济、文化、民族、民俗等的实物资料，其中绘画方面的内容，在美术领域填补了我国魏晋时期绘画史上的空白。

（四）黑山岩画

在嘉峪关西北有一条长约十公里的峡谷——黑山峡谷，这里曾经是古丝绸之路的交通要道，也是中国丝绸古道兴

嘉峪关在这里驻守了无数个春秋冬夏

嘉峪关

亡更替的见证。峡内南北两山对峙，山势陡峭，怪石嶙峋，在两侧的悬崖上，古代先民留下了一百五十三处岩画。这些岩画是我国西北地区的摩崖浅石刻画，其时代为战国，是我国北方地区时代最早、距离城市最近的岩画，是遗留在嘉峪关地区悬崖峭壁上的古代游牧民族的艺术珍品。岩画技法简练、内容丰富、题材广泛，有动物、狩猎、舞蹈、操练、庙宇、古文字等。专家们考察后认为，黑山岩画是这里的先民们描绘在崖石上的史书，具有明显的地域特点，它为研究古代河西地区的生态环境、先民的生存活动和历史文化提供了重要资料。甘肃省人民政府已经把这里定为省级文物保护单位，也是嘉峪关的一处重要的

嘉峪关像是一座宝藏，蕴涵着丰富的文化遗产

嘉峪关的历史文化遗产

文物古迹。

小树在晶莹雪地上舒展着枝干，期盼春天的到来

黑山岩画以狩猎为主题的图案，占了半数以上。黑山岩画的狩猎图，有一个奇怪的共同特点，就是人和动物的比例明显失调，动物显得非常高大，而人则异常渺小，有人解释说这是因为当时人口还是很少，人总觉得自己处在狼、老虎、豹子这些猛兽的包围之中，危机四伏，缺乏自信。还有人说这是因为当时人们以动物为食，这反映了他们的生活方式。但令人意想不到的是，这些画面中还有老虎和蟒蛇的图案，有人认为这是图腾崇拜，也有人说很多很多年前这里不像现在这样植被稀少、气候干燥，是适合生存这样的动物的。还有一种说法是在这里生活过的民族比较杂，所以很可能是外来民族画上去的。

黑山岩画的舞蹈图，主题多样，内涵丰富，有祭祀的，有娱乐的，还有表现生殖崇拜的。在四道股形沟沟谷右侧距离沟底3.5米的一块突出崖壁上有一幅巨型舞蹈图，是黑山岩画中最大的一幅，高1.28米，宽1.14米。这幅岩画结构非常完整，不仅场面宏大，而且人物众多，整个场景庄严、肃穆，表现的是一种祈

残阳照雪中傲然绽放
的梅花

嘉峪关里藏着许多古老的故事

祷或者一种巫事形式。总共有 32 个人物，分三个段落，以不同形式来表现，有领舞、伴舞和群舞的，它表明人物身份、地位都不一样。人物的形态也各异：有双手叉腰的，有单臂独舞的，而且在这个画面上，还有一个人像巫师一样跪在地上，场面宏大。

四 嘉峪关的传说

古代工匠建造了嘉峪关，
也留下了动人的传说

嘉峪关的修建，花费了大量人力物力，在古时简陋的建筑条件下，能建起如此雄伟的关城，是很不简单的，也正因为如此，才演绎出一段段动人的传说。

（一）定城砖

嘉峪关内，在西瓮城门楼的阳台上，放着一块青灰色的石砖——人们称之为定城砖。关于定城砖的传说可以说是嘉峪关传说中流传最广的，而且有很多个版本，涉及的人物姓名也有些出入，但不论是哪个版本，颂扬的都是劳动人们的智慧。

传说嘉峪山下有个叫易开占的有名的瓦匠。一天他正在劈柴，他的徒弟跑来告诉他，皇上要在这里建关城修长城了。易开占听了很高兴，他徒弟又告诉他到现在皇榜还没有人揭，易开占更高兴了，就带着他的徒弟来到城隍庙。只见榜前人山人海，人们议论纷纷、跃跃欲试，但就是没有人揭。原来，负责修建长城的李端澄手下有一个叫卢福的官员，一心想靠独揽这项工程发横财，因此整日守在榜下，所有要揭榜的人都遭到他的恐吓。听到这些，易开占径直走了过去说："这榜我揭了。"说着就把榜撕了下来。卢福气坏了，看着面前这个其貌不扬的老头，厉声喝道："大胆老头，竟敢撕掉皇榜？"易开占说道："这工程我包了，我自己设计，自己伐木，自己运料……"这时卢福脸都气白了，有意刁难地问道："你说整个工程要多少砖？"易开占随口说："九十九万九千九百九十九块。"卢福紧接着问道："要多出一块或少了一块怎么办？"易开占说："甘愿受罚。"

不到一年，工程就竣工了。有人发现多出了一块砖，正不知道怎么办的时候，易开占过来了，他顺手就把砖放在瓮城门后檐上。这时卢福也赶来了，大笑说："易开占，你的死期到了！"士兵正要上前，易开占不慌不忙地说："你们要干什么？"

传说诉说了当时建造嘉峪关的艰难

嘉峪关的传说

卢福指着那块砖说:"干什么?这是什么?"伸手就要去拿那砖。这时,易开占大喝一声:"住手,这是定城砖,砖一拿掉,城就会坍塌。"卢福听了,虽然将信将疑,但也已吓得面如土色,伸出的手僵在那里了……

易开占高高兴兴地给大家发了银子回家去了,卢福从此一病不起,七七四十九天后便死了。

还有人说这个故事是这样的:明朝正德元年(1506年),明王朝为了加强西北的防御,派兵备道李端澄负责修建嘉峪关的关城以及城楼。负责承修的校尉叫郝空,郝空为人心狠手辣、残暴成性,

矗立在荒原上的嘉峪关更显雄伟

嘉峪关

暮色中的嘉峪关

工匠们稍不如他的意，轻者被罚下牢，重者被剁足砍头。

在修建关城的工匠中有一位师傅，叫易开占，不但技艺高超，而且精通九九算法，这一带的庙宇、楼阁多由他来承揽。他设计的关亭、庙宇造型美观、结构严禁，非常坚固，并且用工用料十分节省、精确，远近驰名。

嘉峪关关城修建工作被易开占承包以后立即开始设计备料，郝空根本不相信他有这么大的本领。一天，郝空神气十足的对易开占说："匠头，人们都说你很有能耐，那么你给我算一下修建此关一共需要多少块砖？"易开占随即答道："我已经算过了，一共需要九十九万九千九百九十九块。"
郝空听了冷笑一声说："好！我如数拨
给你由你指挥使用。要是多一块或者是
少一块我可要定你砍头之罪，并罚众工
匠服苦役三年！"易开占当即点头说：
"行！"

在易开占的带领下，工匠们披星戴
月，精工细作，送走了寒冷的冬天，迎
来了明媚的春天，经过了数百个日日夜
夜的辛勤劳动，终于将关城建成了。举
目四望之间，马道横空、楼阁凌空、雕
梁画栋、五彩缤纷、简朴崇伟、气势壮观。
工匠们看着用自己的心血和汗水凝成的

**嘉峪关的建成凝结了
工匠们无数的心血和
汗水**

嘉峪关

嘉峪关背后就是连绵的雪山

结晶，心里都十分高兴。

不料，正在众工匠举杯庆贺大功告成的当儿，只见一个工匠捧着一块砖朝易开占走了过来，当众给大家浇了一盆冷水。众工匠深深懂得这块砖将会给他们带来什么样的灾祸，有的主张将这块砖埋了，有的主张偷偷带出去扔到草湖里去。谁知，易开占却不慌不忙地接过砖说："不用怕，这块砖有用。"说着，他把这块砖放到西瓮城门楼的后檐台上。

正巧这时候郝空赶来了。他一看到这块砖便得意洋洋地对易开占说："为什么多出了一块砖？记着，明日午时三刻就是你魂断之时。"

易开占面不改色地问道："多出的砖在哪里？"郝空用手指着门楼后檐台上的那块砖嘿嘿冷笑了几声，便要伸手去取。易开占猛地大喊一声："住手！那是定城砖，要是把它搬掉，全城顷刻就会倒塌！"郝空吓得一愣，只好灰溜溜地走开了。

从此，那块砖就一直放在西瓮城门楼的后檐台上，人们都把它叫做"定城砖"。

也有人说这是郝空为故意陷害易开

雪山令嘉峪关更添几分神秘

嘉峪关

占多加的一块砖。

还有人说，这块砖是为了纪念一个叫崔伏的能工巧匠——他用料十分精准，关城修建完毕时只剩下最后一块砖，人们便把它陈列在这里作为永久的纪念。

（二）击石燕鸣

相传，古时有一对燕子筑巢于嘉峪关柔远门内。每天黎明，两只燕子飞出关觅食，傍晚时，一同飞回巢内休息，形影不离。

嘉峪关的雄伟美丽让人们浮想联翩

一天，两只燕子同以前一样一同出关觅食，日暮时分一同飞回。不过，当两只燕子飞到嘉峪关城门时，突然狂风大作、飞沙走石、天昏地暗，在前的雌燕先飞入关内，等到雄燕飞回，关门已闭，不能入关，遂悲鸣触墙而死，为此雌燕悲痛欲绝，不时发出"啾啾"燕鸣声，召唤雄燕归来，一直悲鸣到死。死后其灵不散，每到有人以石击墙，就发出"啾啾"燕鸣声，向人倾诉。也有人说是因为雌燕听到响动以为是雄燕回来了，以"啾啾"声表示迎接。古时，人们把在嘉峪关内听到燕鸣声视为吉祥之声，将军出关征战时，夫人就击墙祈祝，后来发展到将士出关前，带着眷属子女，一起到墙角击墙祈祝，以至于形成一种风

俗。

　　还有一个关于击石后会听到啾啾鸟鸣的传说是百鸟撞雄关。

　　据说嘉峪关关城修好后，关门朝起暮闭制度非常严格。关闭之后别说是人，连鸟也飞不过去。相传在关城上住着一位救苦救难的观音菩萨，她有着慈母般的善良心肠，时刻关注着老百姓的疾苦。有一年关外的一边土地上发生了虫灾，铺天盖地而来的蝗虫正在啃食禾苗，这犹如啃食老百姓的心啊，百姓们一面扑打一面大声疾呼求救。为了搭救受苦受难的百姓，她立即派遣百鸟前去救灾，百鸟遵照观世音菩萨的旨意，前往灾区

嘉峪关修好后，朝开暮闭制度非常严格

嘉峪关

奋力协助百姓们捕捉蝗虫，经过一天的奋战，蝗虫捕完了，它们拖着疲倦的身体往回飞，飞到关城跟前时太阳落山了，城门按时关闭。百鸟被关在门外，一气之下，鸣叫着向关墙上叩撞。今天关墙上的斑斑痕迹，据说就是那时候留下来的，每当刮大风的时候，飞沙走石碰击到关墙上就会听到啾啾的鸟叫声。

以上传说当然是不可信的。要考察击石燕鸣的原因，应先从此段城墙的构造说起。击石燕鸣墙由城东光化楼北墙和城东墙的马道墙结合而成，由于两墙身底宽上窄的特点，其相接处恰成 90°夹角，且墙面由下而上向外形成一定坡度，因而就使

一轮残月点缀着嘉峪关的漫漫长夜

嘉峪关的传说

"天下第一墩"成为嘉峪关重要的旅游景点

这里成为一个底小上大，状似喇叭的特殊三角形地带，又由于人们所站的位置与墙壁的距离不等，所以以石击墙或两石相击就会发出连续的啾鸣的回音。这回音由快变慢、由低向高最后隐约消失在空中，使人们感到似有燕子啾啾的鸣声。它所以发出鸣声是由于这个喇叭的形状形成的，这就是石击发出燕鸣般回声产生的原因。

（三）冰道运石

在修建嘉峪关城时，需要成千上万块长2米、宽0.5米、厚0.3米的石条，工匠们在黑山峡的鼓心沟将这些基石凿好，但由于太重了，运输极其不便，大伙非常着急，因为要在十天之内将这些石条运到嘉峪山上，否则就要被斩首。大家只有拼了命地往外运石，十天很快就过去了，大家日夜兼程也才只运出了三十块。

负责修建长城的官员暴跳如雷，当即就把领工的人抓去斩首了。剩下的人害怕极了，不过仍然没有办法。负责的官员又下了最后的通牒：十天之内必须把剩下的石材运出，到时候如果运不出就要所有石匠的脑袋。石匠们一听立刻乱作一团，大家都不知道怎么办才好，有人出主意说要不就拼死一搏吧，于是纷纷拿工具准备拼命。

关于嘉峪关的修建的传说故事，有许多版本

嘉峪关的传说

通往西域的丝
绸之路

众石匠刚要去，在门口撞见了一个胖和尚，只听和尚说："阿弥陀佛！看你们满脸杀气，要去做什么？"石匠们就把事情和盘托出。和尚听了，说道："大家不要焦躁，你们这样去只有死路一条，你们几个石匠怎么可能是那么多士兵的对手呢！"石匠们听了纷纷泄了气，"难道我们只能等死了？"众石匠纷纷求和尚救救他们，这时和尚说道："大家不要着急，这件事交给我来办吧。"然后将他们一一扶起说："眼下正要入冬了，我们只要把沿途泼上水就会形成一条冰道，黑山高嘉峪山低，只要把石条沿着冰道下滑就会滑到嘉峪山上。"大伙一

丝绸之路遗址

听马上明白了，立刻开始泼冰道，结果很快就运完了。石匠们为了感激和尚的帮忙，在关城附近修建庙宇，供奉神位，此后的工匠们出师后都要到那里参拜。

（四）山羊驼砖

在嘉峪关的修建过程中，遇到了很多的困难，除了上面提到的石材的运输问题外，工匠们是如何把数目如此之大的砖运到高九米的城墙上的呢？关于这件事也有一个传说。

当年在嘉峪山上建关，技术设备十分落后，没有专门的运输设备，要将这些砖运到九米高的城墙上非常艰难，尤其对于嘉峪山的崎岖险峻地段，人们自己空手攀登都不容易，更不要说是背负二十公斤重的一块大砖了。为了尽快完工，官府四处抓人，弄得民怨四起。

一天，这些官兵正在大街上抓人，迎面撞见一个青年搀着一个中年妇人过来。官兵们绑起他就走，他娘拉住他不放，哭出了血泪，围观的人都不忍心再看下去了。这时从人群里走出来一个眉清目秀的汉子，就听他对官兵说："放了他们两个，我替他去。运砖的事也包给我了。"官兵们不屑地说："你运，你运得完吗？"汉子回答说："十天期限内肯定能完成，如果不能拿我是问好了。"于是官兵就把他带走了。在场的人都为汉子的义举感动，也为他捏了一把汗。

嘉峪关内外流传着无数动人的传说

嘉峪关

河西走廊在古代是中国
通往西域的要道

就这样过了一天，没有什么动静，青年不
放心就去看他，问他关于运砖的事，汉子
笑笑说："我正要找你呢，有事情麻烦你。"
青年说："有事您尽管开口，一定办到。"
汉子说："八天内请帮我做十万根草绳。"
青年满口答应，然后回去准备了。青年发
动所有的乡亲们帮忙只用了五天就把草绳
搓好了。然后他带着很多乡亲过来找汉子，
希望大家都帮忙尽量帮汉子躲过危机，汉
子却只是笑笑说："不忙不忙。"又过了
两天，青年又领着乡亲过来问情况，汉子
感激地望着大伙，不过还只是笑笑说："不
忙不忙。"然后又补了一句："麻烦大家

嘉峪关的传说

白雪皑皑的祁连山

后天的时候把各村的羊都赶到砖窑去，越多越好。"

对于大家来说这不是什么难事，这地方就是羊多。到了第十天的早上，大家都赶着羊到砖窑集合，足有十万。汉子说："大家把绳子取来，像我这样把砖拴在绳子的两端，挂在山羊角上，然后赶上去就是了。"大家这才明白了汉子的用意，都夸他聪明。就这样，汉子完成了任务。

这就是关于山羊驼砖的传说。也有人传说是因为关城高，马道的坡度大，人工搬运很困难，施工时的砖总是供应不上，一个牧羊的小孩儿灵机一动想出了这个高招。不管怎么样，劳动人民运用自己的智慧克服了又一个难题。

（五）嘉峪山

1. 姐妹山

嘉峪关建在包括两座大山的嘉峪山上，南面是白雪皑皑祁连山，就是南山；北面是乌黑油亮的黑山，就是北山。传说这两座山原来是一对孪生姐妹，像雪山上的一对并蒂雪莲，长得一样窈窕，生得一样俊俏，个头也一般高。大家都

嘉峪关在建造
中遇到了很多
的困难

嘉峪关的建造也留
下了很多历史谜团

嘉峪关

嘉峪关极具特色的建筑

分不出她们之间的高下，甚至连玉皇大帝也不能。无论是谁见了这对姐妹花都忍不住要夸赞几句。不过这两个姐妹的品性不一样，北山爱嫉妒、心胸狭窄，南山善良敦厚。每当北山听见别人同时夸她们姐妹俩，心里就特别不舒服，她希望自己比南山强，希望有一天人们只夸她一个人。于是她终于想出来一个主意——和南山订立盟约：她们两个以后只准白天长，夜里谁都不准长。南山为人诚实敦厚，怎么也不会想到这是北山耍的花招儿，于是她便信守诺言，只白天长，晚上不长。北山看见南山遵守约定，中了自己的诡计，便暗自高兴。白天晚上拼命地长，这样，在

姐妹山的传说彰
显了古代人民鲜
明的善恶观

不到一个月的时间里，她竟比南山高出
了一半。这件事山神看在眼里，很为南
山不平，不过也无可奈何，就把这件事
告诉了玉皇大帝。玉皇大帝听了十分震
怒，他没想到北山会这么做，一气之下
就派火德真君擎起三昧真火，烧了北山
九九八十一天，烧得北山焦头烂额，日
夜嚎叫，十分凄惨。南山开始时对北山

嘉峪关内城城楼

的行为也十分愤慨，可当她看到北山遭到如此的惩罚时，便起了怜悯之心，她实在不忍心让北山这么痛苦，于是就跑去哀求玉帝饶了北山，玉帝没有答应，南山就天天去哀求，从地上一步一个头地磕到天上，一直坚持了七七四十九天，玉帝终于被南山这种诚心所感动，决定停止对北山的惩罚，于是他便用手指在地上划了一下，顿时出现了一条奔流不息的大河。玉帝说：
"这是你用诚心讨来的河，支配权归你，
你可以用这河里的水把北山的火扑灭。"
这条河也因此取名叫讨赖（讨来）河。
南山虽然帮忙灭了北山的火，可是北山
却因为被烧得焦石遍野，已失掉了灵气，
以致草木都不能生长了。南山为了表示
对北山的悼念，便终年头顶白纱（冰雪）。

2. 龟盖山

在很久以前，河西走廊中段的荒原
上有一条北大河，它是从祁连山流下来
的雪水不断汇合而形成的，河西走廊中

古代人民将山石河海都赋予了鲜活的生命

嘉峪关

大漠里的嘉峪关因美丽的传说而生
动活泼起来

修建在山顶上
的长城

段的人们也都指望着北大河的水浇灌田地，借以养活自己。有一天，一个叫季志的小牧童正在荒原上放羊，迎头碰上一个身上背一袋子沙石的古怪老头儿，问他去北大河怎么走。季志见老头长得贼眉鼠眼，肯定没安什么好心，便装作很敬重的样子，深深一躬施了一礼说："就在前面，一直走转一道沟就能看见了，不知您老到那里有什么事？"老头没说话，然后仔细端详了季志半天，觉得季志很憨厚，就对他说："这北大河原来是我的家，后来被一群百姓抢去，我这次来要用这袋沙石堵住北大河，好替自己报仇。"牧童听后非常气愤，如果北

嘉峪关的石阶上承载着厚重的历史

嘉峪关

嘉峪关悠长的门道

大河被堵的话，水流不过去，下游成片成片的庄稼就要旱死，人们也就没法活下去了，再说他也觉得这个老头有点夸大其词，于是立刻顶撞说："别说你用一袋沙石，就是把北边的整座大山搬来，也别想把北大河堵死。"那老头儿也是一个急脾气，一听这话就气炸了，立刻将这袋沙石向左右撒开，荒原上就突然多起许多丘陵和一座大山，据说这座大山就是现在的嘉峪山。原来这个怪老头儿是龟精变的，这时他又口念咒语，企图推倒嘉峪山来封堵北大河。就在这时，突然电闪雷鸣，狂风大作，原来是玉皇大帝派雷神来了，雷神一下就把

广袤大地上古老的嘉峪关

那老头儿劈死了。在他死的地方，立即隆起了一个形状如龟的山包，就是现在的"龟盖山"了。

（六）晒经石

嘉峪关附近的黑石山上本应该都是黑石，但是却有一块特别洁白的大石头——晒经石。传说这是玄奘晾经的地方，不过这与电视剧《西游记》中晒经的情节不一致，不是老海龟误导他们落水所致。传说的情节是这样的：唐僧师徒四人历尽千辛万苦取经回来，走过火焰山、疏勒河，来到河西走廊。这天天气特别的热，一望无际的戈壁滩热浪灼人，四人焦渴难耐，猪八戒实在受不了了，犯了毛病，便苦苦的哀求师父道："这天太热了，师父，我们还是歇歇再走吧，师父。"唐僧道："八戒，赶路要紧，坚持一下吧。"八戒嘟嘟囔囔地表示不满，一边走一边看天，絮絮叨叨地说："要是能下场雨就好了。"话音刚落，立即狂风大作，乌云密布，不一会儿就下起了倾盆大雨，四人都被淋成了落汤鸡，经卷也都淋湿了。天晴后，玄奘急忙派悟空去附近找可以晒经的地方。悟空发现前面不远处有一座黑油油的黑石山，山上石多，很适合晒经。唐僧挑中一块黑油油的大石头说："这块石头正是晾经的好地方，你们赶快打开经

嘉峪关雄伟的城墙

嘉峪关的传说

097

雄伟的嘉峪关长城

嘉峪关壁画

嘉峪关

卷摊开晾晒。"很快，经卷就晒干了，师徒四人急忙收拾经卷，准备赶路。不料有几张紧紧粘在石头之上，怎么揭也揭不下来。把唐僧心疼得一直埋怨八戒，八戒还振振有词，"我哪有那呼风唤雨的本事啊，谁知道说说就真的下了。"不过也没办法。不久，这块晾晒过经卷的黑石突然变成白色。以后，人们便把这块洁白如玉的石头称为"晾经石"。从此，这个民间传说也就流传开了。

左宗棠像

（七）左公柳

　　东闸门外，有一棵枝叶繁茂的大古柳，叫"左公柳"。相传是左宗棠督办新疆军务路过时植的，为了纪念左宗棠为嘉峪关所做的绿化工作而得名。

　　关于它的传说是这样的：清朝同治年间，左宗棠奉命率领军队去平息动乱，当他来到嘉峪关时，看到的是一片荒凉

嘉峪关长城由西长城、
东长城和北长城组成

的戈壁滩，不由得感慨万分。茫茫戈壁除
了稀稀疏疏的骆驼草外，就什么也见不到
了。左宗棠所率领的队伍中大多数都是湖
湘子弟，他们被迫远离山清水秀的家乡，
来到这茫茫的不毛之地，大家都感觉到非
常不适应，陆续开了小差。左宗棠见此情
况，内心十分焦急，为了改善这里的状况，

嘉峪关的传说

厚厚的嘉峪关城墙不
知铭刻了多少历史

嘉峪关城墙抵挡了
外敌的侵扰

嘉峪关

也为了稳定军心，他立即采取了一系列
措施：命令全体将士加宽道路，并在路
旁大量植树，为保证树木的成活，他还
制定了严格的法令。若干年后，这一带
已经杨柳成荫、树木成行了。后来有个
文人曾在一棵柳树上刻下这样一首诗专
门描述这件事："大将筹边未肯还，湖
湘子弟满天山，新栽杨柳三千里，引得
春风度玉关。"人们传说嘉峪关关城附
近的这棵古柳就是那时所栽，因此，被
称为"左公柳"。

五 今天的嘉峪关

冬日里的嘉峪关美景

传说中的定城砖

嘉峪关旅游资源以嘉峪关关城、魏晋壁画墓、万里长城第一墩、悬壁长城、长城博物馆、黑山岩画等最为著名。嘉峪关位于古丝绸之路的中段，是明代万里长城的西起点。它南依祁连山，北望马鬃山，长城连接两山，使嘉峪关雄踞东西咽喉要道，成为天下雄关。嘉峪关周围古迹众多，名胜林立，敦煌莫高窟、嘉峪关城楼、悬壁长城、七一冰川、魏晋墓等驰名中外，加之当地的夜光杯、大板瓜子、驼绒等土特工艺产品，使嘉峪关又成为重要的旅游胜地。

今天的嘉峪关军事意义已经淡化，而更多的是一种历史文化和名胜古迹的姿态呈现在人们面前。嘉峪关也已不再像以前那么孤独，1965 年已以关名建市。

（一）嘉峪关景区

嘉峪关地处古"丝绸之路"的交通要冲，又是明代万里长城的西端起点。所以，丝路文化和长城文化在这里融为一体、交相辉映。这里有雄伟壮观的汉代和明代万里长城、嘉峪关关城、长城第一墩、悬壁长城，以及展现古代游牧民族社会生活的黑山岩画、魏晋墓地下画廊等人文古迹；有亚洲距城市最近的

七一冰川及祁连积雪、瀚海蜃楼等独具特色的西部风光；有博大精深的中国第一座"长城博物馆"和被誉为世界三大滑翔基地之一的嘉峪关国际滑翔基地；有西北民俗风情旅游和讨赖河大峡谷探险、沙漠探险、花海魔鬼城探险等具有西部情调的探险旅游胜地；有乾圆山庄、新城草湖等休闲度假的好去处；此外还有石关峡、黑山湖等多处正在开发的旅游资源。人生有起有落，然而几经朝代的变迁，嘉峪关却至今一直位居咽喉，固若金汤，也协同当地特色边疆文化构成了丰富多彩的人文与自然旅游资源。

嘉峪关现已成为闻名遐迩的旅游胜地

嘉峪关

嘉峪关关口

1. 嘉峪关长城博物馆

嘉峪关长城博物馆是我国第一座以长城历史文化为专题的博物馆。原馆在嘉峪关市新华南路西侧，1989 年 10 月正式开馆。新馆坐落在嘉峪关文物景区，建成于 2003 年 5 月 1 日。

嘉峪关博物院展示了嘉峪关的历史文化

长城博物馆主体建筑外形呈烽火台式，文物陈展按照国家二类甲级博物馆的标准实施，充分应用了声、光、电等现代科技手法，配置了语音同声翻译系统、自动监控系统、自动恒温系统、自动消防报警系统、游客查询系统等国内较为先进的设施，在甘肃省内博物馆中属领先水平。

今天的嘉峪关

馆内设 7 个展厅，以"伟大的长城"基本陈列为主体，包括"春秋、战国长城""秦、汉长城""北魏、隋、唐、辽、金长城""明长城"四部分内容。以时间为轴展现了我国长城的发展历程，也展示了从长城初建一直到现在中国史学界，文物考古界对长城的研究成果，使我们能够在较短的时间内对长城有一个整体的了解，也为长城研究的爱好者提供了大量的资料。

　　馆中还陈列着包括"纵横万里、雄峙千年""金戈铁马、边塞烽烟""长河落日、丝路花雨""北漠尘清、山河形胜"四个单元的"中华之魂"长城历史文化陈列，陈展总面积 2700 平方米。"纵横万里、雄峙千年"的主题是中国长城的历史沿革，它采用了光电方式表现了中国历代长城的分布状况和修建特点。"铁马金戈、边塞烽烟"的主题是对中国古代长城战争的高度概括，详尽地介绍了长城严格的戍守和防御制度。"长城落日、丝路花雨"主要表现河西长城和丝绸之路，介绍这段长城在东西文化交流和商贸往来中的重要地位和作用。"北漠尘清、山河形胜"的展览主题是

罗城城墙

嘉峪关

明长城

古今嘉峪关，主要描述嘉峪关的发展和建筑情况。整体陈列内容体现了学术性、趣味性、互动性的统一，陈列体系形式多样、史料详尽、可视性强，极具艺术品位。

长城博物馆中还陈列着以写意和写实相结合的表现手法展现中国长城主要景观的油画"长城万里图"；再现盛唐时期丝绸之路上中西文化交流盛况的"西出阳关、春风玉门"，以超写实雕塑场景生动的展现了中原商人"西出阳关"时的依依惜别和满怀惆怅之情，同时又展现了"春风玉门"胡商牵驼、情绪高昂、春风满面的入关之景。

总之，嘉峪关长城博物馆存有极其丰

富的借以了解和研究长城文化的资料。

2. 七一冰川

"七一"冰川位于嘉峪关市西南116
公里处的祁连山腹地，是以发现日期命
名的一座高原冰川。该冰川冰峰海拔
5150米，冰舌前沿海拔4300米，冰层平
均厚度78米（最厚处达120米），斜挂
在坡度小于45°的山坡上。"七一"冰
川气候独特，景色迷人，是开展登山探险、
避暑休闲、科考研究等旅游活动的好去
处，也是嘉峪关市旅游资源体系的重要
组成部分。

"七一冰川"是嘉峪关旅游的重要

七一冰川

景点之一，旅游区域约4平方公里。"七一"冰川已经作为"亚洲距离城市最近的可游览冰川"被编入了部分高等院校旅游专业的教科书。"七一"冰川的气候条件非常独特，由于冰川海拔较高，天气变化很丰富，游客登临时常常会遇到阴、晴、雨、雪等天气，所以可能在一日之内经历四季变化，绝对称得上是一生中难忘的体验。

每到夏秋季节，这里的风景也很独特，冰峰在蓝天丽日下分外晶莹耀眼，周围却是潺潺的溪流和如茵的绿草、还有鲜花盛开的高山牧场，这样一幅恬静而又充满生机的迷人画卷难得一见。

3. 嘉峪关滑翔基地

嘉峪关滑翔基地位于嘉峪关市东北12公里处的民航机场内，是目前世界上并同于澳大利亚和南非的三大开展滑翔运动的理想场所之一。嘉峪关滑翔基地占地六万多平方米，现有8架运动飞机，其中有初教六5架、初教五3架；10架滑翔机，包括国产前进号7架、进口杨塔尔2架、罗马尼亚28双座1架；此外，还有蜜蜂飞机1架、热气球2个，并备有山坡滑翔、山坡伞、高空飞行氧气设备等。嘉峪关之所以能被选择作为滑翔基地主要是因为这

嘉峪关城墙

里的上升气流非常好。嘉峪关由于纬度
高，总云量少，日照时间长，太阳辐射强，
气温日差较大易产生热力上升气流；降
雨少，湿度小，气候干燥，积云量适中，
热力上升气流强盛，形成早，消失晚，
持续时间长达 10 小时以上；基地能见度
常在 30—50 公里，可提高飞行地速 30—
40 公里／小时。气流达到的高度一般在
4000 米以上，有时可高达 6000 米以上，
有利于在高空飞行。同时，平坦而开阔
的戈壁滩可供万一找不到上升气流时安
全迫降。

　　除了这些人文的自然景观外，嘉峪
关也是一个物华天宝、人杰地灵的地

方——具有地方特色的名优土特产品、中
药材及旅游纪念品闻名天下。嘉峪关的主
要特产是发菜和驼毛，这两者在全国来说
虽不以嘉峪关出产的为最出名，但从质量
和价格方面来说，同样受到了游客的青睐。
嘉峪关地处祁连山脚下、戈壁滩上，气候
干燥，适合甘草、锁阳、肉苁蓉、麻黄、
车前子、野党参、雪莲等药用价值很高的
野生中药材的生长。另外，在嘉峪关市，
还可以买到很多当地的旅游工艺品和纪念
品，主要有夜光杯、风雨雕、驼绒画、祁
连玉雕、嘉峪石砚、文物复制品及反映魏
晋时代人文景观的墓砖画等，其中像嘉峪
石砚等是当地所特有的。

**保存完好的
城墙和台阶**

今天的嘉峪关

113

嘉峪关的地方饮食百味荟萃。代表性的名点小吃有搓鱼面、拉条面、砂锅、馄饨、臊子面、炮仗面、糊锅面筋等，小吃集中在振兴市场美食一条街和镜铁路美食一条街，夏天还在建设东路设有美食夜市。嘉峪关有几十家环境典雅、整洁舒适的餐厅，这些餐厅各具特色、各有拿手好菜，令人赞不绝口。雪山驼掌、戈壁燕影、烤羊腿、黄焖羊肉、红焖羊肉、戈壁雁影、雄关酥、驼蹄羹、东坡肉、灯影玉片、青椒肥肠、油爆驼峰、孜然羊肉、菊花牛鞭、麒麟驼掌、兰发豆腐、茄汁活鱼、松仁玉米及火焰烤羊腿、涮

嘉峪关独特的风土人情让游人流连忘返

嘉峪关

姐妹山传说
里的讨赖河

羊肉等等都是当地极富有地方特色的风味佳肴。为了满足客人的消费需求，海鲜也逐渐成为当地地方饮食的重要组成部分，随着交通运输业的发展，这些海鲜保持了色鲜、味美、价廉的优点。

（二）嘉峪关市

嘉峪关市位于河西走廊中段，因有万里长城西起点——天下雄关嘉峪关而得名。这里原来属于酒泉县，1965 年从酒泉县分离出来建嘉峪关市。1971 年定为省辖市，嘉峪关市下辖五一、新华、前进、胜利、建设、镜铁山矿区六个街道办事处，嘉峪关、文殊、新城三个乡，是甘肃省唯一不设区也不下辖县市的地级单位，是我国四个不设区的地级市之一。1982年被国务院批准为第一批对外开放城市，同时被确定为国家二类重点旅游城市。

嘉峪关市位于甘肃省西北部，河西走廊中部。东连酒泉盆地，临河西重镇酒泉市，距省会兰州776公里；西越大草滩，与石油城玉门市接壤，距新疆哈密650公里；南靠祁连山，与肃南裕固族自治县毗连，距青海300余公里；北枕色如铸铜的黑山，通沙漠，与金塔县、酒泉卫星发射基地和内蒙额济纳旗相连接，中部为酒泉绿洲西缘，总面积2935平方公里。全市海拔在1412—2722米之

讨赖河滑索

嘉峪关

116

间，绿洲分布于海拔1450—1700米之间，城市中心海拔1462米。境内地势平坦，土地类型多样。城市的中西部多为戈壁，是市区和工业企业所在地；东南、东北为绿洲，是农业区。

工业、旅游业和农业为嘉峪关市经济发展的三大支柱。嘉峪关市实际上是伴随着钢铁工业的发展而建立起来的，素有"西北钢城"之称。全市有乡以上工业企业八十余家，其中有西北地区最大的钢铁联合企业——酒钢公司。酒钢集团公司是集"采、选、烧"到"铁、钢、材"为一体，发电动力、运输机修、科研设计、冶

在戈壁滩上静静流淌的讨赖河

今天的嘉峪关

**嘉峪关的旅游业正
在蓬勃发展**

金建筑等辅助生产和服务部门配套齐全的大型联合企业，也是全国 512 户国有大型企业之一。随着钢铁工业的发展，其他各业相应兴建。目前嘉峪关市已形成以冶金工业为主体，化工、电力、建材、机械、轻纺、食品为辅的工业体系。

嘉峪关市也是丝绸古道上重要的旅游城市。除了我们上面提到过的闻名中外的嘉峪关城楼、万里长城第一墩、悬壁长城、长城博物馆、新城魏晋壁画墓、七一冰川、黑山石刻等，嘉峪关市还是中国铁人三项运动训练基地和专业赛场，是国际铁人三项赛和全国汽车场地越野

嘉峪关

赛重要举办地，有西北一流的体育馆场，是举办国际、国内重大体育赛事的理想城市。

嘉峪关市气候属温带大陆性荒漠型，年温差较大，年平均气温6℃左右，年降水量80多毫米。1月最冷，绝对最低气温－28.6℃，7月最热，绝对最高气温38℃。无霜期平均130天，适于春麦、胡麻、蚕豆、玉米等作物生长，同时利于瓜菜的培育。近年来，圆葱、西瓜、大蒜等屡获丰产，质地良好，远销14个省市。

今日嘉峪关，不再是"酒家西望玉门道，千山万债皆白草"的荒凉景象，灿烂

远望嘉峪关

今天的嘉峪关

**古城嘉峪关正在
迎来新的春天**

的旅游资源、绚丽的丝路文化、新型的城郊农业、神奇的自然景观、安定富足的人民生活、快速发展的经济已经是这座城市的主旋律，它已经成为不少人向往和关注的地方。这个融古今文明于一身的城市正在散发着自己的魅力。

嘉峪关